Date & Time :
Subject :
Meeting Objectives :

Attendees :

I0507469

Notes :

Action Lists :

Date & Time :
Subject :
Meeting Objectives :

Attendees :

Notes :

Action Lists :

Date & Time :

Subject :

Meeting Objectives :

Attendees :

Notes :

Action Lists :

Date & Time :

Subject :

Meeting Objectives :

Attendees :

Notes :

Action Lists :

Date & Time :

Subject :

Meeting Objectives :

Attendees :

Notes :

Action Lists :

Date & Time:

Subject:

Meeting Objectives:

Attendees:

Notes:

Action Lists:

Date & Time :

Subject :

Meeting Objectives :

Attendees :

Notes :

Action Lists :

Date & Time:

Subject:

Meeting Objectives:

Attendees:

Notes:

Action Lists:

Date & Time:

Subject:

Meeting Objectives:

Attendees:

Notes:

Action Lists:

Date & Time :

Subject :

Meeting Objectives :

Attendees :

Notes :

Action Lists :

Date & Time :

Subject :

Meeting Objectives :

Attendees :

Notes :

Action Lists :

Date & Time :
Subject :
Meeting Objectives :

Attendees :

Notes :

Action Lists :

Date & Time :

Subject :

Meeting Objectives :

Attendees :

Notes :

Action Lists :

Date & Time :
Subject :
Meeting Objectives :

Attendees :

Notes :

Action Lists :

Date & Time :

Subject :

Meeting Objectives :

Attendees :

Notes :

Action Lists :

Date & Time :
Subject :
Meeting Objectives :

Attendees :

Notes :

Action Lists :

Date & Time :

Subject :

Meeting Objectives :

Attendees :

Notes :

Action Lists :

Date & Time :

Subject :

Meeting Objectives :

Attendees :

Notes :

Action Lists :

Date & Time :

Subject :

Meeting Objectives :

Attendees :

Notes :

Action Lists :

Date & Time :

Subject :

Meeting Objectives :

Attendees :

Notes :

Action Lists :

Date & Time :

Subject :

Meeting Objectives :

Attendees :

Notes :

Action Lists :

Date & Time :
Subject :
Meeting Objectives :

Attendees :

Notes :

Action Lists :

Date & Time :

Subject :

Meeting Objectives :

Attendees :

Notes :

Action Lists :

Date & Time :

Subject :

Meeting Objectives :

Attendees :

Notes :

Action Lists :

Date & Time :

Subject :

Meeting Objectives :

Attendees :

Notes :

Action Lists :

Date & Time :
Subject :
Meeting Objectives :

Attendees :

Notes :

Action Lists :

Date & Time :

Subject :

Meeting Objectives :

Attendees :

Notes :

Action Lists :

Date & Time:
Subject:
Meeting Objectives:

Attendees:

Notes:

Action Lists:

Date & Time :
Subject :
Meeting Objectives :

Attendees :

Notes :

Action Lists :

Date & Time :

Subject :

Meeting Objectives :

Attendees :

Notes :

Action Lists :

Date & Time :

Subject :

Meeting Objectives :

Attendees :

Notes :

Action Lists :

Date & Time :

Subject :

Meeting Objectives :

Attendees :

Notes :

Action Lists :

Date & Time :
Subject :
Meeting Objectives :

Attendees :

Notes :

Action Lists :

Date & Time:
Subject:
Meeting Objectives:

Attendees:

Notes:

Action Lists:

Date & Time :

Subject :

Meeting Objectives :

Attendees :

Notes :

Action Lists :

Date & Time :

Subject :

Meeting Objectives :

Attendees :

Notes :

Action Lists :

Date & Time :

Subject :

Meeting Objectives :

Attendees :

Notes :

Action Lists :

Date & Time:

Subject:

Meeting Objectives:

Attendees:

Notes:

Action Lists:

Date & Time :

Subject :

Meeting Objectives :

Attendees :

Notes :

Action Lists :

Date & Time :

Subject :

Meeting Objectives :

Attendees :

Notes :

Action Lists :

Date & Time :

Subject :

Meeting Objectives :

Attendees :

Notes :

Action Lists :

Date & Time:
Subject:
Meeting Objectives:

Attendees:

Notes:

Action Lists:

Date & Time :

Subject :

Meeting Objectives :

Attendees :

Notes :

Action Lists :

Date & Time :

Subject :

Meeting Objectives :

Attendees :

Notes :

Action Lists :

Date & Time :

Subject :

Meeting Objectives :

Attendees :

Notes :

Action Lists :

Date & Time :

Subject :

Meeting Objectives :

Attendees :

Notes :

Action Lists :

Date & Time :

Subject :

Meeting Objectives :

Attendees :

Notes :

Action Lists :

Date & Time:
Subject:
Meeting Objectives:

Attendees:

Notes:

Action Lists:

Date & Time :

Subject :

Meeting Objectives :

Attendees :

Notes :

Action Lists :

Date & Time :

Subject :

Meeting Objectives :

Attendees :

Notes :

Action Lists :

Date & Time :

Subject :

Meeting Objectives :

Attendees :

Notes :

Action Lists :

Date & Time :

Subject :

Meeting Objectives :

Attendees :

Notes :

Action Lists :

Date & Time :

Subject :

Meeting Objectives :

Attendees :

Notes :

Action Lists :

Date & Time :

Subject :

Meeting Objectives :

Attendees :

Notes :

Action Lists :

Date & Time:
Subject:
Meeting Objectives:

Attendees:

Notes:

Action Lists:

Date & Time :
Subject :
Meeting Objectives :

Attendees :

Notes :

Action Lists :

Date & Time :

Subject :

Meeting Objectives :

Attendees :

Notes :

Action Lists :

Date & Time :
Subject :
Meeting Objectives :

Attendees :

Notes :

Action Lists :

Date & Time :
Subject :
Meeting Objectives :

Attendees :

Notes :

Action Lists :

Date & Time :
Subject :
Meeting Objectives :

Attendees :

Notes :

Action Lists :

Date & Time :

Subject :

Meeting Objectives :

Attendees :

Notes :

Action Lists :

Date & Time:

Subject:

Meeting Objectives:

Attendees:

Notes:

Action Lists:

Date & Time :

Subject :

Meeting Objectives :

Attendees :

Notes :

Action Lists :

Date & Time :

Subject :

Meeting Objectives :

Attendees :

Notes :

Action Lists :

Date & Time :

Subject :

Meeting Objectives :

Attendees :

Notes :

Action Lists :

Date & Time:

Subject:

Meeting Objectives:

Attendees:

Notes:

Action Lists:

Date & Time :

Subject :

Meeting Objectives :

Attendees :

Notes :

Action Lists :

Date & Time :

Subject :

Meeting Objectives :

Attendees :

Notes :

Action Lists :

Date & Time :

Subject :

Meeting Objectives :

Attendees :

Notes :

Action Lists :

Date & Time :

Subject :

Meeting Objectives :

Attendees :

Notes :

Action Lists :

Date & Time :

Subject :

Meeting Objectives :

Attendees :

Notes :

Action Lists :

Date & Time:

Subject:

Meeting Objectives:

Attendees:

Notes:

Action Lists:

Date & Time :

Subject :

Meeting Objectives :

Attendees :

Notes :

Action Lists :

Date & Time :
Subject :
Meeting Objectives :

Attendees :

Notes :

Action Lists :

Date & Time :

Subject :

Meeting Objectives :

Attendees :

Notes :

Action Lists :

Date & Time :

Subject :

Meeting Objectives :

Attendees :

Notes :

Action Lists :

Date & Time :

Subject :

Meeting Objectives :

Attendees :

Notes :

Action Lists :

Date & Time:
Subject:
Meeting Objectives:

Attendees:

Notes:

Action Lists:

Date & Time :

Subject :

Meeting Objectives :

Attendees :

Notes :

Action Lists :

Date & Time :
Subject :
Meeting Objectives :

Attendees :

Notes :

Action Lists :

Date & Time :
Subject :
Meeting Objectives :

Attendees :

Notes :

Action Lists :

Date & Time :
Subject :
Meeting Objectives :

Attendees :

Notes :

Action Lists :

Date & Time :

Subject :

Meeting Objectives :

Attendees :

Notes :

Action Lists :

Date & Time :

Subject :

Meeting Objectives :

Attendees :

Notes :

Action Lists :

Date & Time :
Subject :
Meeting Objectives :

Attendees :

Notes :

Action Lists :

Date & Time :

Subject :

Meeting Objectives :

Attendees :

Notes :

Action Lists :

Date & Time :

Subject :

Meeting Objectives :

Attendees :

Notes :

Action Lists :

Date & Time :

Subject :

Meeting Objectives :

Attendees :

Notes :

Action Lists :

Date & Time :

Subject :

Meeting Objectives :

Attendees :

Notes :

Action Lists :

Date & Time :

Subject :

Meeting Objectives :

Attendees :

Notes :

Action Lists :

Date & Time :

Subject :

Meeting Objectives :

Attendees :

Notes :

Action Lists :

Date & Time:

Subject:

Meeting Objectives:

Attendees:

Notes:

Action Lists:

Date & Time :
Subject :
Meeting Objectives :

Attendees :

Notes :

Action Lists :

Date & Time:

Subject:

Meeting Objectives:

Attendees:

Notes:

Action Lists:

Date & Time :

Subject :

Meeting Objectives :

Attendees :

Notes :

Action Lists :

Date & Time :
Subject :
Meeting Objectives :

Attendees :

Notes :

Action Lists :

Date & Time :

Subject :

Meeting Objectives :

Attendees :

Notes :

Action Lists :

Date & Time :
Subject :
Meeting Objectives :

Attendees :

Notes :

Action Lists :

Date & Time :

Subject :

Meeting Objectives :

Attendees :

Notes :

Action Lists :

Date & Time :

Subject :

Meeting Objectives :

Attendees :

Notes :

Action Lists :

Date & Time :

Subject :

Meeting Objectives :

Attendees :

Notes :

Action Lists :

Date & Time :

Subject :

Meeting Objectives :

Attendees :

Notes :

Action Lists :

Date & Time :

Subject :

Meeting Objectives :

Attendees :

Notes :

Action Lists :

Date & Time:

Subject:

Meeting Objectives:

Attendees:

Notes:

Action Lists:

Date & Time :

Subject :

Meeting Objectives :

Attendees :

Notes :

Action Lists :

Date & Time :
Subject :
Meeting Objectives :

Attendees :

Notes :

Action Lists :

Date & Time :

Subject :

Meeting Objectives :

Attendees :

Notes :

Action Lists :

Date & Time :

Subject :

Meeting Objectives :

Attendees :

Notes :

Action Lists :

Date & Time :

Subject :

Meeting Objectives :

Attendees :

Notes :

Action Lists :

Date & Time :

Subject :

Meeting Objectives :

Attendees :

Notes :

Action Lists :

Date & Time:
Subject:
Meeting Objectives:

Attendees:

Notes:

Action Lists:

Date & Time :
Subject :
Meeting Objectives :

Attendees :

Notes :

Action Lists :

Date & Time :
Subject :
Meeting Objectives :

Attendees :

Notes :

Action Lists :

Date & Time :
Subject :
Meeting Objectives :

Attendees :

Notes :

Action Lists :

Date & Time :

Subject :

Meeting Objectives :

Attendees :

Notes :

Action Lists :

Date & Time:

Subject:

Meeting Objectives:

Attendees:

Notes:

Action Lists:

Date & Time :

Subject :

Meeting Objectives :

Attendees :

Notes :

Action Lists :

Date & Time :
Subject :
Meeting Objectives :

Attendees :

Notes :

Action Lists :

Date & Time :

Subject :

Meeting Objectives :

Attendees :

Notes :

Action Lists :

Date & Time :

Subject :

Meeting Objectives :

Attendees :

Notes :

Action Lists :